Fiche **philosophe**

Par Elsa Guérin

Russell

lePetitPhilosophe.fr

RUSSELL

MATHÉMATICIEN, LOGICIEN, PHILOSOPHE ET HOMME POLITIQUE BRITANNIQUE

- **Né en 1872 à Trelleck**
- **Décédé en 1970 à Penrhyndeudraeth**
- **Quelques-unes de ses œuvres :**
  - *Principia Mathematica* (1910-1913), écrit avec Alfred North Whitehead
  - *The Analysis of Mind* (1921)
  - *A History of Western Philosophy* (1945)

Bertrand Russell est notamment connu pour son panorama de la philosophie, *Histoire de la philosophie occidentale*, publié en 1945, son texte le plus lu. Ses **convictions pacifistes** et **son combat contre le nucléaire** lui valurent une renommée internationale, tandis que ses **positions contre la morale victorienne** firent de lui un « Voltaire anglais ».

Cependant, sa contribution la plus importante concerne la logique mathématique. Il est le **père de la philosophie analytique**. Durant vingt ans, Russell tente de donner des fondements logiques aux mathématiques : cette quête se trouve principalement énoncée dans les ***Principia Mathematica***, ouvrage publié en 1910. Ses travaux influencent les découvertes de Gödel et la conception scientifique du monde développée par les philosophes du cercle de Vienne, donnant naissance au positivisme logique.

Après ses études en logique, Russell tente par la suite de **résoudre l'ensemble des problèmes philosophiques par l'analyse logique**. La question essentielle pour le philosophe est de déterminer s'il existe au monde une connaissance dont l'homme puisse être certain.

BIOGRAPHIE

UN ENFANT PASSIONNÉ PAR LES MATHÉMATIQUES

Petit-fils du premier ministre John Russell, Bertrand Arthur William Russell est **né à Trelleck**, au pays de Galles, **en 1872**. Très tôt, il perd ses parents et est **élevé par ses grands-parents**, dans un milieu pieux et puritain. Garçon solitaire, il **se passionne pour les mathématiques** dès sa plus tendre enfance, suite à la découverte des *Éléments* d'Euclide (IIIe siècle av. J.-C.), estimant que seule cette discipline pourra lui permettre d'accéder à une connaissance indubitable du monde.

En 1890, il entre au **Trinity College à l'université de Cambridge**, où il étudie les mathématiques et la morale. C'est là qu'il fait la rencontre, entre autres, de celui qui deviendra son maitre, **Alfred North Whitehead** (1861-1947). Il se marie en 1894 avec Alys Pearsall Smith, puis effectue quelques voyages, notamment à Paris et à Florence. En 1897, il termine son cursus et publie son mémoire de maitrise à Cambridge, avant d'entamer une **carrière scientifique**. Ses idées sont inspirées par des mathématiciens comme Georg Cantor (1845-1918), fondateur de la théorie des ensembles, et Giuseppe Peano (1858-1932), pour l'axiomatisation des mathématiques.

LE PÈRE DE LA PHILOSOPHIE ANALYTIQUE

Sa rencontre avec **Gottlob Frege** (1848-1925), qui pose les bases de la logique moderne, marque un tournant majeur dans ses recherches. Il se rend compte de l'insuffisance des mathématiques, lesquelles reposent sur des axiomes non-démontrés. C'est alors que, de mathématicien, **il devient logicien et philosophe**.

> **BON À SAVOIR**
>
> La **logique** désigne la science du raisonnement (*logikè*, en grec), c'est-à-dire la science qui s'intéresse aux processus formels de raisonnement et à la formulation des vérités.

En 1901, Russell découvre **des paradoxes dans la logique de Frege**. Il les formule, et inaugure le calcul des propositions et des classes. Dans son œuvre maitresse, ***Principia Mathematica*** (publiée en trois volumes entre 1910 et 1913), rédigée en collaboration avec Whitehead, il tente de résoudre les paradoxes découverts par la théorie des types afin de maintenir l'idée que la logique est aux fondements des mathématiques.

Sa rencontre avec **Ludwig Wittgenstein** (1889-1951) en 1911 est également une des plus décisives pour l'évolution de sa pensée. Son travail de logicien fait alors place à une **recherche épistémologique** (l'épistémologie, du grec *epistèmè* signifiant « la science » ou « le savoir », concerne l'étude de la connaissance scientifique) **axée sur le langage** : il cherche à déterminer les conditions de sens et de vérité des propositions.

UN HOMME AUX POSITIONS PACIFISTES

Affecté par la mort précoce de ses parents, puis par les souffrances éprouvées par la femme de Whitehead, pour laquelle il avait un certain penchant, Russell développe **une morale tournée vers la paix et l'amour**, et s'engage dans de nombreuses causes, ce qui lui vaudra le surnom de « Voltaire anglais ».

Durant la ***Première Guerre mondiale***, il publie des pamphlets dans *Justice in War Time* (1916) et ses *Principles of Social Reconstruction* (1916). Ses **positions pacifistes** lui font perdre son poste à Cambridge et lui valent six mois de prison en 1918. Socialiste, il rencontre en 1920 Lénine (1870-1924) et Trotski (1879-1940) en URSS, ce qui le rend plus sévère vis-à-vis du bolchévisme. Il va même jusqu'à publier une critique du régime bolchévique.

Après un séjour en Chine avec sa maitresse, Dora Blake, Russell rentre au Royaume-Uni en 1921. Il divorce d'Alys pour épouser Dora Blake, qui lui donne deux enfants, et il tente de fonder avec celle-ci **une école expérimentale**, la Beacon Hill School, en 1927. Cette expérience basée sur une éducation sans restriction est un échec. Quelques années plus tard, il divorce à nouveau et épouse en 1936 Patricia Spence, la gouvernante de ses enfants, avec qui il a un fils.

Il part enseigner au **City College of New York** en 1939, mais il est renvoyé en raison de ses **positions sur le mariage et la liberté sexuelle**, jugé moralement inapte à enseigner. De retour en Grande-Bretagne, il reprend ses activités d'enseignant au Trinity College et publie *A History of Western Philosophy* (1945). Il reçoit l'*Order of Merit* et le prix Nobel de littérature en 1950. Deux ans plus tard, il divorce une troisième fois et épouse Edith Finch avec laquelle il vivra jusqu'à la fin de sa vie.

Durant les années **1950-1960**, il radicalise ses positions pacifistes et **s'engage énormément**, militant notamment contre le nucléaire et la guerre du Viêt Nam : il est de toutes les luttes. En 1960, il écrit son **autobiographie** en trois volumes et meurt en 1970 dans sa résidence de Plas Penrhuyn au pays de Galles. Son militantisme pacifiste est poursuivi après sa mort par l'établissement du **tribunal Bertrand Russell**, qui juge les crimes survenus pendant la guerre du Viêt Nam. Cependant, ce sont ses avancées importantes en logique qui eurent le plus de répercussions en philosophie.

CONTEXTE PHILOSOPHIQUE

LA NOUVELLE LOGIQUE

À la fin du XIXe siècle, **Frege** installe **la logique moderne comme une science à part entière**, en l'étudiant selon une approche mathématique. En effet, depuis l'Antiquité, et notamment depuis Aristote (384-322 av. J.-C.), la logique était considérée comme une discipline de la philosophie qui permettait d'étudier les règles d'une argumentation correcte. Mais, en plus d'instaurer la logique comme une science, Frege souhaite en faire **la base même des mathématiques**.

Plus précisément, le penseur développe **le calcul des propositions**, qui traite des relations logiques entre propositions, autrement dit de la manière dont les propositions s'enchainent selon un raisonnement valide. Sur ce calcul vient se greffer le calcul des prédicats, le calcul des classes et le calcul des relations. La logique de Frege est donc beaucoup plus complexe que celle développée par Aristote qui n'était basée que sur le calcul des prédicats (ce qui, dans un énoncé, est affirmé à propos d'un autre terme à l'aide d'une copule comme le verbe être, soit l'attribut du sujet : par exemple, dans « la voiture est rouge », le prédicat est « rouge »), principalement l'étude des syllogismes (raisonnement de type déductif constitué de deux propositions appelées prémisses dont on déduit une conclusion : par exemple, « Tous les hommes sont mortels » et « Socrate est un homme », donc « Socrate est mortel »).

Toutefois, à cette même époque, **les mathématiques sont fragilisées par l'arrivée de la géométrie non-euclidienne**. Les axiomes (des propositions non-démontrées mais admises comme vraies) en vigueur depuis Euclide sont remis en question. Aussi certains mathématiciens ont-ils pour projet de formaliser toutes les mathématiques sur une nouvelle base axiomatique.

Russell s'intéresse de près à la pensée de Frege, convaincu comme lui que la **logique pourra donner aux mathématiques des fondements nécessaires**. Si les mathématiques doivent être une science exacte sur laquelle repose notre connaissance du monde, Russell estime qu'il leur faut une base solide qui ne peut se trouver que dans la logique. Mais en travaillant sur la nouvelle logique, il s'aperçoit que le calcul des propositions introduit par Frege se heurte à certaines difficultés, dont des paradoxes.

L'ATOMISME LOGIQUE

Depuis **Aristote**, la pensée est conçue comme constituée de **jugements** et la logique a pour but de définir les **combinaisons valides** entre différents jugements. **Frege et Russell** renversent cette conception et posent aux fondements de la logique non plus des jugements constitués d'un sujet et d'un prédicat, mais des **propositions atomiques** s'inspirant de la nouvelle axiomatisation des mathématiques. Ce qu'ils entendent par « proposition » n'est pas équivalent à une phrase : il s'agit d'un élément commun à n'importe quelle langue, comme le squelette de tout langage.

Ainsi, à la place d'un énoncé aristotélicien comme :

« Socrate est un homme », ils introduisent des propositions comme « X est un homme », dont la vérité ou la fausseté dépendent de la valeur attribuée à X. Le calcul des propositions résulte d'une idée simple : il s'agit d'analyser les propositions et de **découvrir les propositions logiques**. Ce sont **des propositions inanalysables, dites atomiques**, à partir desquelles se construisent, grâce à des connecteurs logiques, les propositions complexes. Plus précisément, une proposition atomique est une proposition constituée d'un seul verbe à laquelle viennent se greffer des connecteurs logiques : $\neg$ est le symbole de la négation, $\wedge$ de la conjonction, $\vee$ de la disjonction, $\Rightarrow$ de l'inférence, $=$ de l'équivalence. Ainsi, prenons comme exemple la proposition atomique « Il pleut », que l'on nommera p : si p est vraie, $\neg$ p est fausse, et si p est fausse, $\neg$ p est vraie. En somme, l'atomisme logique fonctionne à partir d'idées primitives : assertion, négation, disjonction, etc.

LE PARADOXE DE LA THÉORIE DES ENSEMBLES

Un des apports importants de Russell à la nouvelle logique est la découverte d'un paradoxe dans **la théorie des ensembles**, sur laquelle s'appuient les travaux de Frege. Il s'agit de **l'étude de collections d'objets unis par une propriété commune**. Par exemple « 2 », « 8 » et « 198 » sont des objets appartenant à l'ensemble des nombres, ou encore « pull rouge », « stylo rouge » et « coccinelle rouge » font partie de l'ensemble des objets de couleur rouge.

Ce principe est assez naturel : une propriété commune

définit un ensemble. Le problème est qu'il cache un paradoxe, **le paradoxe de Russell** : l'ensemble des ensembles ne s'appartenant pas à eux-mêmes appartient-il à lui-même ? Si on répond oui, comme par définition les membres de cet ensemble n'appartiennent pas à eux-mêmes, il n'appartient pas à lui-même : c'est donc une contradiction. Si on répond non, il a la propriété requise pour appartenir à lui-même : c'est donc aussi une contradiction. Que l'on réponde oui ou non, on parvient à une contradiction. Ce paradoxe peut s'illustrer ainsi : « Le barbier rase tous ceux et uniquement ceux qui ne se rasent pas eux-mêmes : le barbier se rase-t-il ? » Nous ne pouvons pas répondre à cette question : si c'est oui, c'est non et si c'est non, c'est oui.

L'ÉCHEC DE LA THÉORIE DES TYPES

Pour résoudre ce paradoxe tout en conservant les bases de la logique de Frege, Russell et Whitehead créent **la théorie des types** qu'ils développent dans les *Principia Mathematica*. Malheureusement, ils échouent. Cependant, bien qu'inachevée, l'œuvre suscite un grand intérêt et **Russell** est considéré comme **le père de la philosophie analytique**, car il est le premier à avoir tenté d'élucider l'ensemble des problèmes philosophiques par l'analyse logique du langage.

Par la suite, **Ludwig Wittgenstein** (1889-1951), qui fut son élève, écrit son *Tractatus logico-philosophicus* (1921) comme une réponse aux *Principia Mathematica* : il prend à cœur de poursuivre le travail entamé par son maitre, même s'il s'en éloigne en refusant la théorie des types. Plus tard, **les philosophes du cercle de Vienne**, Rudolf Carnap (1891-1970),

Willard Van Orman Quine (1908-2000), Moritz Schlick (1882-1936) et d'autres entreprennent de poursuivre la quête d'une construction scientifique du monde via le calcul des propositions. Ils donnent ainsi naissance au **positivisme logique**, une école héritée du positivisme scientifique d'Auguste Comte (1798-1857) et qui, grâce à la nouvelle logique, distingue les énoncés prescriptifs invérifiables (ceux de la métaphysique) des énoncés descriptifs vérifiables (ceux de la science).

BON À SAVOIR

Le **positivisme** désigne une philosophie qui rejette la métaphysique (l'étude des principes premiers et des causes premières) au profit de la connaissance scientifique.

PENSÉE ET APPORT

Si Russell revêt plusieurs casquettes, les origines de sa philosophie se trouvent indéniablement dans les mathématiques et la logique. Les découvertes faites dans ces domaines et les progrès accomplis en neuroscience durant les années 1840-1850 l'amènent à établir **une épistémologie** (théorie de la connaissance) qui se subdivise en deux points principaux :

- une **théorie du langage** qui interroge les conditions de vérité et de signification des propositions (citation 1) ;
- une **théorie de la connaissance** qui distingue les connaissances indubitables, car vérifiables directement par une sensation, des connaissances construites à partir de ces précédentes (citation 2).

En parallèle à ses travaux d'épistémologue, Russell développe aussi **une pensée politique et morale** qui fait de lui un libre-penseur.

LA PHILOSOPHIE DU LANGAGE

La théorie des descriptions

Afin d'accéder à une connaissance certaine du monde, il faut d'abord **délimiter les conditions de vérité et de sens des propositions**, lesquelles traduisent ou non un fait du monde. Pour Russell, la vérité se définit comme la correspondance entre une proposition et un fait.

À partir de la logique de Frege, constituée de propositions dont certaines, dites atomiques, sont inanalysables, Russell énonce **la théorie des descriptions** : il s'agit de clarifier la situation des phrases pour lesquelles le sujet n'a pas de référent. Prenons par exemple la phrase « Le roi de France est chauve ». Elle constitue une proposition atomique, mais puisqu'il n'y a actuellement en France aucun roi, elle n'a pas de référent. Dès lors, comment cette phrase pourrait-elle être vraie ou fausse ? Et si elle n'a aucune vérité ou fausseté, a-t-elle un sens ?

Ce problème est appelé **le problème des descriptions définies**, soit des descriptions contenant un nom ou un pronom personnel. Pour résoudre cela, Russell recourt à l'analyse logique. Nous avons bien compris que, dans la phrase « Le roi de France est chauve », ce qui met à mal son sens et ses possibilités de vérité ou de fausseté se situe dans l'énonciation de l'existence d'un roi de France (lequel n'existe pas). Russell solutionne ce problème non pas en analysant cette phrase terme par terme, mais en la reformulant en une **description indéfinie**, ce qui donne : « Il y a un x tel que cet x est le roi de France (affirmation d'existence), il n'y a rien à part x qui soit roi de France (affirmation d'unicité), et x est chauve. » Formulée ainsi, cette phrase, postulant une existence unique, celle du roi de France, est tout simplement fausse puisqu'elle renvoie à quelque chose qui n'existe pas. Mais elle n'est pas dénuée de sens.

Russell place ainsi une **distance importante entre les conditions de vérité d'une phrase et ses conditions de sens**. Ce n'est pas parce qu'une proposition ne connait pas de référent qui puisse la valider qu'elle est dénuée de sens. Par contre, pour qu'une proposition puisse être dite vraie ou fausse, il faut obligatoirement qu'elle ait un sens (citation 3).

La hiérarchie des langages

La question de tout logicien est de déterminer **à quelle condition le langage peut traduire un fait du monde**, d'où la recherche du sens et de la vérité des propositions. **Wittgenstein**, dans son *Tractatus logico-philosophicus*, établit une distinction entre le « montrer » et le « dire » : selon lui, **le langage ne peut rien nous dire du monde**, car celui-ci ne se dit pas mais se montre, nous réduisant ainsi au silence.

Afin de ne pas arriver à cette conclusion, Russell introduit quant à lui **une hiérarchie des langages** (citation 4), **une « cascade » de langages, où le langage de base est dit « langage-objet »** : chaque langage parle d'un langage précédent, sauf le langage-objet, qui **renvoie directement à des faits**. Ce langage de base est **constitué de propositions atomiques** qui résultent directement d'un jugement de perception comme : « Il pleut. » Cette dernière phrase, dont la vérification s'effectue par une perception immédiate, doit être comprise comme ne nous disant rien sur le langage, mais énonçant uniquement un fait : « Il pleut. » (citation 5) À partir de ce langage-objet se construisent ensuite d'autres langages dont les phrases se composent grâce à des connecteurs logiques. Ces différents langages sont hiérarchisés selon leur niveau de complexité.

Le langage, un outil dont on use

Cependant, comme le souligne le philosophe, le langage n'est pas seulement un outil que l'on pense, c'est également un outil dont on use. Dès lors, si la phrase « Il pleut » appartient au langage-objet et énonce bien un fait du monde, lorsque quelqu'un nous dit « Il pleut », il y a une médiation : on croit qu'il dit « Il pleut » et on vérifie cela. Cette médiation implique une croyance : celle de l'existence de mon interlocuteur. Ainsi, **bien qu'il y ait des propositions qui ne font que désigner un fait, dès lors qu'on en use, tout un système de croyances se met en place**.

Il en va de même de certains connecteurs qui mettent en relation les propositions de base du langage-objet. « Non » et « Oui », par exemple, ne renvoient à aucune expérience immédiate, mais posent un jugement sur une perception de base : « Oui, c'est un chien. » Il est donc **nécessaire de différencier la référence** (ce que la proposition indique) **et la signification** (affirmation, conjonction, inférence, etc.) d'une phrase, autrement dit ce qu'elle désigne du monde et ce qu'elle exprime.

Russell se montre novateur, car tout en ne perdant pas de vue l'analyse logique du langage, il affirme l'importance de considérations psychologiques. Le langage peut traduire un fait du monde lorsqu'il est composé de propositions de base que l'on découvre par l'analyse logique du langage, mais **l'usage du langage implique nécessairement des données psychologiques et des croyances**, ne serait-ce que celle en l'existence d'autrui. Ces croyances n'enlèvent rien au fait que les propositions de base, dont la vérification s'effectue par une perception simple, désignent un fait du monde, mais plus les croyances sont complexes et la vérification par une perception immédiate difficile à éprouver, plus la validité de la proposition est mise en doute.

LA PHILOSOPHIE DE LA CONNAISSANCE

Connaissance par accointance et connaissance par description

Afin d'élaborer sa théorie de la connaissance, Russell part de considérations linguistiques (citation 6). Tout comme il faut distinguer les propositions du langage-objet reposant sur des jugements de perception de celles qui usent de connecteurs logiques et ne font dès lors pas que désigner un fait du monde, Russell distingue **deux sortes de connaissance** :

- la connaissance directe, vérifiable par l'expérience ;
- la connaissance par description, reposant sur des croyances.

Généralement, les logiciens réfutent l'idée de vérité-correspondance, c'est-à-dire l'idée selon laquelle la vérité ou la fausseté d'une proposition dépend de sa relation au monde. Ils préfèrent l'idée de la vérité-cohérence : une proposition est vraie ou fausse selon ses relations à d'autres propositions et non selon son rapport au monde, ce qui fait ainsi la part belle à l'idéalisme. Mais Russell, lui, défend **la vérité-correspondance**. En effet, la vérité, selon le philosophe, se définit comme la correspondance entre une croyance et un fait (citation 7).

Pour qu'il y ait vérité-correspondance, lorsque nous croyons en la vérité d'une proposition, il ne s'agit pas seulement de connaitre un fait de la réalité qui cautionne la proposition, il faut en avoir une **connaissance directe**, c'est-à-dire **découlant d'une sensation et non d'une inférence** (soit d'un raisonnement logique qui permet de passer de propositions tenues pour vraies à de nouvelles propositions dont la vérité dépend de leur combinaison avec les premières). Tel est le cas pour la phrase « La neige est blanche » : on peut prouver la vérité de cette proposition par une vérification empirique sans médiation.

Mais beaucoup de phrases de notre langage ne connaissent pas une telle relation de connaissance. Par exemple, dans la phrase « César est mort », aucune connaissance directe ne peut justifier notre croyance en la vérité de cette proposition. Russell parle alors de **connaissance par description**, pour laquelle **rien ne peut justifier entièrement notre croyance en leur vérité**.

Le problème de l'induction

Outre les connaissances directes vérifiables par l'expérience et les connaissances par description qui ne reposent que sur des croyances, à la suite de David Hume (1711-1776), Russell s'interroge sur **la connaissance par induction**. Celle-ci se fonde quant à elle sur **l'observation de faits particuliers pour ériger des lois générales**. L'induction est un raisonnement très commun, dont nous usons tous les jours : ayant observé que tous les matins le soleil se lève, nous tenons pour loi générale que le soleil se lèvera demain.

Ce raisonnement parait vrai et n'a jamais été infirmé par une observation empirique contraire. Mais une telle connaissance par induction – d'un fait particulier nous concluons une loi générale – ne peut être certaine. Russell s'accorde avec Hume pour dire qu'**elle repose sur l'habitude et l'association d'idées**.

La connaissance par induction est donc **une croyance que rien ne vient justifier**. Russell admet n'avoir aucun élément pour résoudre ce problème : nous ne pouvons que constater que le raisonnement inductif fonctionne sans que l'on puisse en donner un fondement logique. Le philosophe en conclut donc :

- d'une part, qu'il est nécessaire de hiérarchiser les croyances vraies ;
- d'autre part, qu'il faut admettre que certaines d'entre elles n'ont pas le même degré de certitude que celles qui font l'objet d'une connaissance directe et personnelle.

LA PENSÉE ÉTHIQUE ET POLITIQUE

Il est difficile de lier les positions morales de Russell à son analyse logique du langage. Mais encore une fois, il est question pour le philosophe de vérité et de certitude. Selon Russell, il n'existe pas de connaissances éthiques, il n'est question que d'**un système de valeurs que nous ne pouvons démontrer comme étant vraies**. La morale trouve son origine dans le désir humain, non dans la connaissance, et nous ne pouvons que proposer des conceptions morales partagées ou non par d'autres personnes.

La morale

Russell **combat fortement la morale victorienne** en vigueur durant le règne de la reine Victoria Iʳᵉ (1819-1901) et, plus largement, pendant tout le XIXᵉ siècle en Grande-Bretagne. Cette dernière, très restrictive, lui semble au contraire, à force de multiplier les interdits, stimuler un attrait disproportionné pour la chose sexuelle. Il serait donc souhaitable de dire aux enfants la vérité à propos des choses relatives au sexe, afin de ne pas susciter chez eux trop de curiosité.

À propos du **mariage**, celui-ci lui semble être **une bonne institution, à condition de pouvoir être dissoluble**. Il n'a pas à être tenu pour une affaire d'amour, il ne sert qu'à perpétuer l'espèce. L'adultère est donc peu blâmable, voire nécessaire, l'humain ayant un penchant naturel pour la polygamie. Rappelons que Russell lui-même a divorcé à plusieurs reprises.

La revendication du philosophe de la **pratique sexuelle sans tabou** fut très vite confondue avec des points de vue lubriques ou obscènes, ce qui lui valut des campagnes de diffamation aux États-Unis.

La politique

C'est durant la Première Guerre mondiale que les positions politiques de Russell s'affirment, notamment lorsqu'il s'oppose à la participation britannique dans cette guerre.

Son pacifisme lui fait perdre son poste de professeur à Cambridge et le condamne à six mois de prison.

Cependant, si avant la Seconde Guerre mondiale il défendait une politique de paix, il change d'avis face au nazisme, estimant que ce dernier doit être combattu. Aussi dans Vers la liberté : socialisme, anarchisme et syndicalisme exprime-t-il des idées qu'on pourrait rapprocher du communisme : il propose d'instaurer une allocation universelle, c'est-à-dire un revenu unique pour tous les citoyens afin de satisfaire leurs besoins primaires.

Durant les années cinquante, il s'oppose aux armes nucléaires : il signe un manifeste contre le nucléaire avec Albert Einstein (1879-1955) et Joseph Rotlab (1908-2005), et anime des conférences sur ce sujet. Puis il est à nouveau emprisonné en 1961.

Il milite ensuite contre la guerre du Viêt Nam aux côtés de Jean-Paul Sartre (1905-1980) en organisant un tribunal afin de juger les crimes de guerre de l'armée américaine. Notons qu'un tribunal d'opinion, nommé le tribunal Russell, et une fondation, la fondation Bertrand Russell, ont poursuivi son combat pacifiste.

La religion

Athée, Russell tient le dieu chrétien – comme tout autre dieu – pour inexistant, aucune connaissance rationnelle ne pouvant confirmer son existence. Il estime que **la religion nait de la peur et se nourrit de l'ignorance, voire d'un certain sadisme** (citation 8). Il oppose donc la religion à la civilisation, à la science et au bonheur. Cela ne l'empêche pas d'**admettre une émotion mystique**, laquelle peut selon lui apporter une grande valeur à l'existence d'un individu. Mais une assertion provenant de cette émotion ne peut être tenue pour vraie.

EN RÉSUMÉ

À partir de la logique de Frege, Russell énonce **la théorie des descriptions** afin de clarifier la situation des phrases sans référent, c'est-à-dire **le problème des descriptions définies**. Pour résoudre cela, il recourt à la description définie. Il place ainsi une **distance entre les conditions de vérité d'une phrase et ses conditions de sens** : ce n'est pas parce qu'une proposition ne connait pas de référent qui puisse la valider qu'elle est dénuée de sens. Par contre, pour qu'une proposition puisse être dite vraie ou fausse, il faut qu'elle ait un sens.

Le philosophe introduit par ailleurs **une hiérarchie des langages où le langage de base est dit « langage-objet »** : chaque langage parle d'un langage précédent, sauf le langage-objet, qui renvoie directement à des faits. Cependant, le langage est également un outil dont on use. En ce sens, il implique **des données psychologiques et des croyances**, ne serait-ce que celle en l'existence d'autrui.

Par rapport à la connaissance, Russel défend la théorie de **la vérité-correspondance** et distingue **deux types de connaissance** : la connaissance directe, découlant de l'expérience, et la connaissance par description, dont rien ne prouve la vérité. Aussi s'interroge-t-il sur la connaissance par induction : celle-ci repose sur l'habitude et rien ne la justifie.

Russell, même s'il est surtout célèbre pour ses apports en logique, a également pris position dans de **nombreux**

problèmes moraux et politiques de son époque : il s'est entre autres élevé contre la morale victorienne, a défendu le pacifisme et s'est opposé au nucléaire et à la guerre du Viêt Nam.

Votre avis nous intéresse !
Laissez un commentaire sur le site de votre librairie en ligne
et partagez vos coups de cœur sur les réseaux sociaux !

POUR ALLER PLUS LOIN

- CLÉMENT (Élisabeth) *et alii*, *La Philosophie de A à Z*, Paris, Hatier, 2000.
- FREGE (Gottlob), *Écrits logiques et philosophiques*, traduction de Claude Imbert, Paris, Seuil, 1994.
- KUNZMANN (Peter), BURKARD (Franz-Peter) et WIEDMANN (Franz), *Atlas de philosophie*, Paris, Le Livre de Poche, 2010.
- RUSSELL (Bertrand), *Histoire de mes idées philosophiques*, traduction de Georges Auclair, Paris, Gallimard, 1989.
- RUSSELL (Bertrand), *Introduction à la philosophie mathématique*, traduction de François Rivenc, Paris, Payot, 1991.
- RUSSELL (Bertrand), *Problèmes de philosophie*, traduction de François Rivenc, Paris, Payot, 1989.
- RUSSELL (Bertrand), *Science et Religion*, traduction de Philippe-Roger Mantoux, Paris, Gallimard, 1990.
- RUSSELL (Bertrand), *Signification et Vérité*, Paris, Flammarion, 1993.
- VUILLEMIN (Jules), *Leçons sur la première philosophie de Russell*, Paris, Armand Colin, 1968.

TESTEZ VOS CONNAISSANCES !

ASSOCIEZ CHAQUE CITATION À L'EXPLICATION QUI LUI CORRESPOND

Citation 1 : « L'essentiel au sujet du langage c'est qu'il signifie, c'est-à-dire qu'il est en relation avec quelque chose d'autre que lui-même qui, en principe, est d'un autre ordre que le langage. » (*Histoire de mes idées philosophiques*, Paris, Gallimard, 1989)

Citation 2 : « Existe-t-il au monde une connaissance dont la certitude soit telle qu'aucun homme raisonnable ne puisse la mettre en doute ? » (*Problèmes de philosophie*, Paris, Payot, 1989, paragraphe 1)

Citation 3 : « Comme une phrase pourvue de sens peut être fausse, il est clair que la signification d'une phrase ne peut pas résider dans le fait qui rend cette dernière vraie (ou fausse). » (*Histoire de mes idées philosophiques*, Paris, Gallimard, 1989, p. 203)

Citation 4 : « Un des résultats qui ressort le plus clairement de l'étude logique du langage, c'est qu'il doit y avoir une hiérarchie de langages. » (*Signification et Vérité*, Paris, Flammarion, 1993, p. 28)

Citation 5 : « [...] Les "propositions de base" [sont] celles qui, parmi les propositions logiquement indémontrables, sont elles-mêmes empiriques, c'est-à dire celles qui affirment quelque occurrence de nature temporelle. » (*Ibid.*,

Paris, Flammarion, 1993, p. 157)

Citation 6 : « La méthode adoptée, s'opposant en cela à la théorie traditionnelle de la connaissance, diffère principalement de celle-ci par l'importance accordée aux considérations linguistiques. (*Ibid.*, Paris, Flammarion, 1993, p. 19)

Citation 7 : « [...] La correspondance doit constituer la vérité de base [...]. » (*Ibid.*, Paris, Flammarion, 1993, p. 326)

Citation 8 : « Je ne nie pas la valeur des expériences qui ont donné naissance à la religion. Par suite de leur association à de fausses croyances, elles ont fait autant de mal que de bien ; libérées de cette association, on peut espérer que le bien seul restera. » (*Science et Religion*, Paris, Gallimard, 1990, p. 139)

Explication a : la fausseté d'une proposition ne l'empêche pas d'avoir un sens. Ainsi, la signification d'une proposition ne réside pas dans ce qui la rend vraie ou fausse.

Explication b : pour construire sa théorie de la connaissance, Russell s'appuie sur des considérations linguistiques.

Explication c : la vérité se définit comme la correspondance entre une croyance et un fait.

Explication d : le langage a pour caractéristique d'être en relation avec autre chose que lui-même, autrement dit de signifier quelque chose.

Explication e : Russell s'interroge, dans sa théorie de la connaissance, sur la possibilité de parvenir à une connaissance certaine : il en conclut que les connaissances directement vérifiables par une sensation sont indubitables.

Explication f : il existe une hiérarchie des langages selon leur niveau de complexité, une cascade de langages où chaque langage parle d'un précédent.

Explication g : les propositions du langage de base ou langage-objet résultent directement d'un jugement de perception sur le monde.

Explication h : bien qu'il y ait des propositions qui ne font que désigner un fait du monde, à partir du moment où on en use, tout un système de croyances se met en place. Ainsi, l'usage du langage implique nécessairement des croyances, de même que des données psychologiques.

Explication i : en ce qui concerne la connaissance « par description » (c'est-à-dire qui ne s'appuie sur aucune connaissance directe) rien ne peut justifier notre croyance en sa vérité.

Explication j : les expériences qui ont donné naissance à la religion ne sont pas mauvaises, mais leur association à de fausses croyances a engendré la peur et l'ignorance.

Rendez-vous sur lepetitphilosophe.fr et découvrez :

Plus de 1200 analyses
Claires et synthétiques
Téléchargeables en 30 secondes
À imprimer chez soi

L'éditeur veille à la fiabilité des informations publiées, lesquelles ne pourraient toutefois engager sa responsabilité.

© LePetitPhilosophe.fr, 2017. Tous droits réservés.

www.lepetitphilosophe.fr

ISBN version numérique : 978-2-8062-4967-8
ISBN version papier : 978-2-8080-0119-9
Dépôt légal : D/2017/12603/503

Conception numérique : Primento,
le partenaire numérique des éditeurs.

Made in the USA
Monee, IL
07 July 2026